VALABLE POUR TOUT OU PARTIE DU
DOCUMENT REPRODUIT

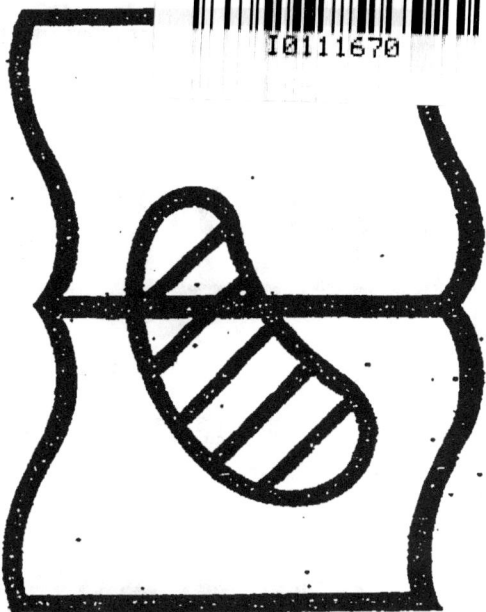

Illisibilité partielle

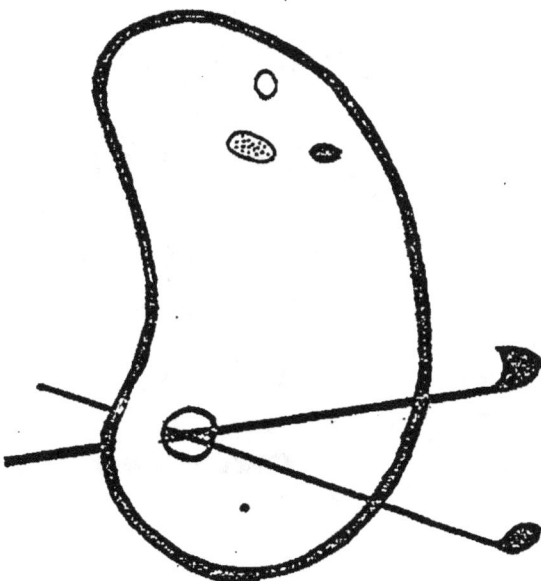

COUVERTURE SUPERIEURE ET INFERIEURE
EN COULEUR

LE
PETIT GUIDE

DE
L'ÉTRANGER

A

NIMES

PAR

Ch. P. D.

1864-1865

les Petits Guides se trouvent partout
Pour les Insertions, s'adresser
Administration des Petits Guides

VALENCE
(DRÔME).

LE
CHOCOLAT
MENIER
SE VEND PARTOUT.

EXIGER
Le NOM et les MARQUES
DE
FABRIQUE.

Grenoble, imp. Allier.--4.65.

LA MAISON MENIER

a trouvé dans le rapport sur l'exposition internationale de Londres (1862) une nouvelle récompense de ses efforts à propager la consommation du Chocolat. Après avoir rappelé que les produits de M. MENIER sont au nombre de *ceux que le jury a particulièrement remarqués*, le rapporteur ajoute:

« *Les produits de M. Menier sortent de*
» *sa belle usine de Noiseil, où il dispose*
» *d'un outillage et d'une série d'appareils*
» *qui permettent d'opérer sur des quan-*
» *tités de matières premières assez consi-*
» *dérables pour obtenir annuellement*
» *1,800,000 kilos de Chocolat. M. Me-*
» *nier, par l'extension qu'il a donnée à*
» *sa fabrication, par l'activité commer-*
» *ciale qu'il a déployée, a puissamment*
» *contribué à répandre l'usage du Cho-*
» *colat.* »

Une médaille lui a été décernée pour
« *excellence of quality.* »

Le **Chocolat Menier** se vend partout.
Pour ne pas être trompé par les contrefaçons, exiger les *marques de fabrique* et la *signature* **Menier.**

PETI[T GUI]DE

DE L'ÉTRANGER A

NIMES

PAR

Ch.-P.-D.

—

Pour les Annonces et demandes de Guides,

S'ADRESSER

Administration des Petits Guides,

A VALENCE (DRÔME).

NIMES.

Nîmes est située dans une plaine assez fertile, à 705 kilomètres de Paris. La ville proprement dite est petite, et se compose de rues étroites et peu jolies; mais ses faubourgs, qui sont près de trois fois plus grands qu'elle, sont d'un très bel aspect et présentent des rues larges et droites. Le Cours-Neuf, à lui seul, est en réalité une grande ville, et l'avenue Feuchères qui conduit de la belle place de l'Esplanade au chemin de fer, est une promenade magnifiquement ombragée, bordée de maisons aux proportions monumentales et où se trouve la Préfecture, élégant et splendide palais,

Nîmes possède une Cour impériale, un Tribunal de première instance, de

---

commerce et une prison centrale. Elle
possède encore un Lycée, une École
normale primaire, une Bibliothèque
publique, un Musée, un Cabinet d'histoire naturelle et une Société de médecine; elle est le siége d'un Évêché suf-
fragant d'Avignon, de l'Académie du
Gard et d'une Église consistoriale calvi-
niste; d'une succursale de la Banque
de France, d'une Bourse et Chambre
de commerce; des cours de dessin, de
chimie, de physique, de géométrie et
de mécanique sont faits par des profes-
seurs distingués, et une École d'horlogerie est dirigée par un homme d'un
grand savoir en cet art, M. Rélin,
boulevart Grand-Cours.

Nîmes, chef-lieu du département du
Gard, compte environ 60,000 habitants. A part les soies gréges, dont elle
est l'entrepôt général, son commerce
a pris peu de développement : ses
châlés, par suite de diverses circons-
tances qu'il serait trop long d'énu-
mérer, n'ont plus leur ancienne importance, mais les tapis et les lacets ont
compensé et au delà cette perte ; ces
deux dernières industries, dont l'une
n'a qu'un petit nombre d'années d'exis-

tence, sont représentées par des maisons de premier ordre. Notons encore les liquides, et particulièrement les vins, qui constituent à eux seuls, dans le Gard, un marché considérable.

Nîmes, ou *Nemausus*, était jadis le chef-lieu des *Volces Arécomiques*, soumis aux Romains un siècle environ avant J.-C. Elle devint par la faveur d'Auguste (25 ans avant J.-C.) une colonie romaine, jouissant du droit latin, avec l'avantage pour ses habitants d'acquérir le nom et les droits de citoyens Romains. — Elle était gouvernée par des magistrats locaux, avec droit d'appel à l'empereur et au sénat. Elle avait le privilége de battre monnaie, et, de toutes les villes de la Gaule soumises et partagées par Jules César, elle fut une des plus favorisées par Auguste, Tibère, Trajan, Adrien, Antonin et Dioclétien, qui tour à tour l'embellirent et la comblèrent de faveurs. Plus tard, en 408, elle fut saccagée par les Vandales, et, en 475, elle se trouvait aux mains des Visigoths; ensuite elle passa aux Francs, et, en 747, les Sarrasins qui l'avaient en leur pouvoir s'en

voyaient chassés par Charles-Martel ;
puis arriva la domination des Normands et enfin le moyen âge ayant fait
peser sur elle les chaînes de l'esclavage,
on la trouvait, au xive siècle, couverte
de désolation, de misères, de ruines,
et réduite à peine à 500 hab tants. Ce
fut François Ier qui l'aida à se relever
alors, et la plupart de ses habitants embrassèrent le calvinisme ; mais
plus tard Louis XIII et Louis XIV la
traitèrent avec une si cruelle inhumanité, que le manteau royal de ces rois
semble encore, à ce souvenir, taché de
sang et de honte.

Dans Nîmes, les passions politiques
ne le cédèrent jamais en rien aux convictions religieuses, et les unes étant
aussi violentes que les autres étaient
profondes, produisirent les luttes sanglantes de 1791 et de 1815.

Les temps ont heureusement changé,
et les questions religieuses ont fait silence en face des grands intérêts et des
progrès de l'humanité ; de sorte que, aujourd'hui, sans distinction d'origine et de
religion, **les habitants éclairés** de
Nîmes ouvrent leur porte au bien, n'importe de quel côté il arrive, comme ils

sauraient, au besoin, la fermer au mal, n'importe de quel côté il viendrait. — Avant peu, Nîmes recueillera les bienfaits d'une union salutaire entre les enfants d'un même pays que rien n'aurait jamais dû diviser, et les rêves de ces travaux gigantesques et coûteux qui doivent faire couler l'eau à pleins bords dans ses canaux et ses fontaines splendides seront bientôt une réalité, car ce qui n'a pu s'accomplir dans les luttes et les haines, s'effectuera dans la paix et a concorde.

Nîmes est la patrie de l'empereur Antonin, de Nicot, (qui introduisit en France le tabac ou *nicotine*); de Saurin, de Rabaut-Saint-Étienne, de Court, de Gibelin et de M. Guizot.

Nulle part en France, on ne saurait trouver, comme à Nîmes, d'aussi beaux restes de la grandeur romaine, et Vérone même, l'ancienne capitale de l'Italie, ne saurait lui être comparée !

MONUMENTS

Eglises, Bibliothèques et Musées.

Arènes. — C'est environ vers l'an 150 de notre ère qu'on peut faire remonter la construction des Arènes.

Rien de plus magnifique, de plus gigantesque que ce monument; son plan est un ovale dont le grand axe mesure en dehors 133 mètres 38 cent., et le petit 101 mètres 40 cent.; la hauteur totale est de 21 mètres 32 cent. — La façade de ce bâtiment est composée d'un rez-de-chaussée, d'un étage au-dessus et d'un attique formant le couronnement. Le rez-de-chaussée présente 60 arcades de même dimension, à l'exception de quatre portes, plus grandes et plus saillantes, et qui sont placées au sud, au nord, à l'ouest et à l'est de l'édifice; sous le fronton triangulaire, au dessus de l'arcade du midi, sortent à moitié deux figures de taureaux.

Sur la partie nord-est, on remarque deux bas-reliefs : le premier représente deux gladiateurs, dont l'un, portant le poing gauche au visage de son adversaire, déjà désarmé et à terre, est prêt, de la main droite, à le transpercer de son glaive. Non loin de là, sur la façade de l'un des pilastres, on remarque une louve allaitant deux enfants, symbole du droit civique dont jouissaient les habitants de la colonie.

L'étage supérieur possède un même nombre d'arcades, mais un mur les ferme par le bas, à la hauteur d'appui, de manière à former garde-fou. Ces arcades sont ornées de colonnes aux proportions de l'ordre toscan, mais présentant quelques attributs de l'ordre dorique.

Dans cet immense cirque, destiné à recevoir 25,000 spectateurs, c'est-à-dire le quart de la population que Nîmes avait alors, la division des citoyens en quatre classes y est parfaitement marquée; on y remarque même, par des doubles marches de distance en distance dans un même gradin, les facilités et les avantages réservés à la classe supérieure.

Pendant les siècles qui se sont écou-

lés depuis leur création, les Arènes
ont subi de nombreux changements de
destination. Longtemps elles furent en-
sanglantées par le sacrifice des captifs,
puis par le sang des premiers chrétiens
livrés aux bêtes féroces ; enfin, jusqu'en
1800, elles subirent encore toutes les
désolations auxquelles Nîmes fut sou-
mise elle-même.

La Maison - Carrée. — On ne
possède aucune date précise sur l'époque de l'érection de ce temple qui est
un des plus élégants spécimens de l'architecture des Romains. Cependant le
style corinthien qui se fait remarquer
dans la construction de ce forum ferait
assez croire que sa dédicace peut se
reporter à Marc-Aurèle, sous le règne
duquel ce style atteignit la perfection
qu'on remarque ici.

Ce monument a changé plusieurs fois
de destination depuis l'introduction
du christianisme chez les Volces Arécomiques. Il servit d'abord de Capitole,
fut changé ensuite en église ; puis, au
XIIe siècle, la Maison Carrée fut trans-
formée en hôtel de ville ; enfin elle de-

vint une simple maison particulière, et son propriétaire n'eut pas honte d'engager une grossière construction dans un des chefs-d'œuvre de l'architecture romaine. Plus tard, en 1670, elle servait d'écurie, lorsque des moines la restaurant, en firent de nouveau une église. En 1789, elle rentra dans le domaine public, et, en 1815, elle servait de magasin d'armes. Aujourd'hui, cette précieuse antiquité, qui est complétement restaurée, est devenue un Musée de peinture et d'antiquités : c'est là une heureuse destination. Ce Musée est ouvert au public les dimanches, de midi à quatre heures, mais il peut être visité tous les jours par les étrangers qui doivent s'adresser au concierge.

Temple de Diane. — Les avis sont bien partagés sur la destination de cet édifice ; les uns y voient un Panthéon, d'autres un temple dédié à une seule divinité, et enfin ceux qui se fondent sur les diverses fouilles faites autour de lui et sur d'autres constructions romaines, reconnaissent avec rai-

son que ce fut une salle d'attente qui
précédait les thermes, et servait de
sanctuaire aux divinités des eaux, des
plaisirs et de la santé; mais quelle
que fût la destination de ce monument,
ces ruines, entourées des frais ombra-
ges de la Fontaine, sont d'un effet
saisissant.

La Fontaine. — Ce n'est qu'à
Versailles, à Saint-Cloud ou dans quelques villes des environs de Rome qu'il
est possible de trouver un lieu aussi
somptueux que le délicieux petit coin
de terre, couvert de massifs de ver-
dure, d'où surgissent les eaux limpides
de la *Fontaine de Nîmes.* Rien n'est
plus joli, plus frais que cette oasis
charmante, dont les eaux s'en vont se
briser contre les colonnettes du bassin
le Nymphé: là tout est splendide,
tout est princier, et cette promenade,
à elle seule, suffirait bien à la célé-
brité de Nîmes, si cette ville n'était déjà
en France le grand musée des antiquités romaines. Pour arriver dans son
enceinte, on longe le canal dont les
vastes et élégants bassins reçoivent les

eaux qui viennent en passant embellir le jardin.

Le mont Cavalier. — Le mont Cavalier s'élève au fond des jardins de la Fontaine: c'est une très belle promenade. On parvient à son sommet par des chemins faciles et bien sablés, et ombragés par de jolis arbustes. C'est M. Cavalier, ancien maire de Nîmes, qui le créa. Grâce à ce magistrat, on peut maintenant, à l'abri des rayons du soleil, monter jusqu'au pied de la *Tourmagne,* en jouissant des points de vue les plus pittoresques.

La Tourmagne est ce gigantesque monument qui domine au loin la contrée, et dont l'élévation superbe et fière semble donner un aspect particulier à la ville de Nîmes. La destination première de cette tour est encore un problème; mais, d'après les savants, M. Mège et M. Auguste Pelet qui ont fait une étude toute spéciale de ce monument, cette tour serait postérieure à la construction des murs de Nîmes; ce serait un mausolée, car il ressemble à ceux qu'on voit sur les révers de plusieurs médailles commémoratives, et tel qu'Hérodien décrit les mausolées qu'on dressait lors des funérailles des empereurs. Il se peut bien aussi que la destination de cette tour fût toute militaire, et qu'elle servît seulement à correspondre, la nuit, à l'aide de signaux de feu. La hauteur actuelle de la tour est de 28 mètres; elle devait en avoir primitivement 33.

Porte d'Auguste. — Vers l'an 836 de Rome, Auguste, exerçant pour la huitième fois la suprême puissance, faisait construire les murs de *Nemausus*, et, sous l'antique porte à laquelle on a donné son nom, ont passé jadis ces fameuses légions guerrières qui de Rome allaient se répandre, par la voie Domitienne, dans les autres parties de la Gaule conquise.

L'architecture de la Porte d'Auguste était d'une grande richesse, et ses restes indiquent encore l'importance de sa destination première. Ce ne fut que vers l'an 1692, lors de la démolition du château royal que Charles VI avait fait construire en 1392, juste trois siè-

cles avant, qu'on découvrit ce monument romain, dont la base ne fut entièrement dégagée qu'en 1849.

La Porte de France. — Cette
porte, d'une élévation de 10 mètres
sur 4 mètres 30 d'ouverture, est assez
bien conservée, sauf les tours dont elle
était flanquée et qui sont détruites. Elle
était couronnée d'un attique, ornée de
quatre pilastres terminés par un enta-
blement ; elle se fermait au moyen de
herses, dont on voit encore les rai-
nures.

La Fontaine de l'Esplanade.—
Sur l'immense place de l'Esplanade,
faisant face à l'avenue Feuchères, à la
gare du chemin de fer et au Palais de
justice, s'élève une belle fontaine décorée de cinq statues de marbre, dues
au ciseau de feu notre vieil ami Pradier.
Celle qui domine le groupe et qui a
pour couronne des monuments, représente la ville de Nîmes. Les quatre autres
sont : le Rhône, le Gardon, la Fontaine
de Nîmes et la Fontaine d'Eure ; les
noms gravés au bas ne sont pas exacte-

ment ceux qui leur étaient destinés par le célèbre sculpteur.

Pour bien connaître les monuments de Nîmes, nous engageons MM. les étrangers à se procurer les excellent et intéressants ouvrages de M. L. Boucoiran, sur Nîmes et les environs.

Le Palais de Justice est une magnifique construction moderne ; il est situé boulevart de l'Esplanade, en face l'avenue Feuchères.

Eglises. — Les églises de Nîmes ne présentent rien de remarquable, à l'exception de la nouvelle église de Sainte-Perpétue, dont la façade, magnifiquement sculptée, et la flèche élancée, sont de véritables chefs-d'œuvre, modèles de la renaissance de l'art au XIXᵉ siècle. Nous citerons encore l'église de Saint-Paul, exécutée d'après les plans de M. Questel. Ce monument est du style bizantin ; on y voit de belles fresques d'Hippolyte Flandrin.

Musée, peinture et sculpture. — Voyez Maison-Carrée. —

Cabinet d'histoire naturelle, dans l'enceinte de la Fontaine. — C'est une collection particulière rassemblée par feu M. Crespon, naturaliste. Le public est admis à le visiter, tous les jours. Il n'y a là rien de bien remarquable pour une ville comme Nîmes.

Bibliothèque. — La bibliothèque est attenante au Lycée, et située Grand'Rue. Elle renferme environ 50,000 volumes et 200 manuscrits : le conservateur est M. Eugène Gazay, rue Dorée.

Condition des soies. — Le but de cet établissement est de fixer pour les transactions commerciales le poids marchand légal de la soie. Les instruments de pesage de la condition sont sensibles au poids de cinq milligrammes, et l'établissement de Nîmes possède des appareils pour la dessication à l'absolu. — Les laines sont également admises à la condition.

Promenades dans la ville. — Les petits et les grands Cours, les

3

Squares, la belle place de l'Esplanade, l'avenue Feuchères, et par dessus tout les jardins de la Fontaine et le mont Cavalier, voilà les promenades de Nîmes, où l'on trouve partout de grands arbres, partout de l'air et de l'espace, partout des merveilles, partout l'éloquence du passé mêlant l'écho de sa voix séculaire aux jouissances du présent.

PRÉFECTURE.

La Préfecture du Gard est à Nîmes, avenue Feuchères : M. le baron Henri Pougeard-Dulimbert C. ※, officier de l'Université, est Préfet.

M. Joret des Closières, secrétaire général.

M. le Préfet donne audience, tous les jours, de 9 heures à 11 heures du matin.

Commissariat central de police à la Préfecture.

M. Fabre, commissaire central.

MAIRIE.

Maire, M. Fortuné Paradan, avocat,

rue de la Servie, (reçoit tous les jours
à cinq heures du soir.)
Secrétaire général : M. Liotard, rue
des Greffes, n° 1.

JUSTICES DE PAIX.

La ville de Nîmes est divisée en trois
cantons de justice de paix. — 1er canton : juge de paix, M. Bardin aîné ; —
2e canton : juge, M. Thibon, rue Dei-
ron ; — 3e canton : juge, M. Vincens,
rue de Chaffoy.

JOURS ET HEURES D'AUDIENCE.
9 heures du matin.

1er canton : mercredi, samedi ; —
2e canton : mardi, vendredi ; — 3e
canton : lundi, jeudi.

ADMINISTRATION DES POSTES.

Inspecteur des postes, chef de service du département : M. Surin, à Nîmes ; Directeur comptable : M. Lusin-
chi, à la poste.

HEURES DES LEVÉES DES BOITES.

1re levée............ 6 h. 40
2me levée .... 9 h. 40
3me levée .... 11 h. 40
4me levée .... 3 h. 40
5me levée............ 7 h. 40

RENSEIGNEMENTS GÉNÉRAUX.

Timbres-poste.

Les timbres-poste sont de 1 cent., 2 cent., 5 cent., 10 cent., 20 cent., 40 cent., 80 centimes, et sont vendus dans les bureaux de poste et dans les débits de tabac.

Tarif des lettres.

Le prix du port des lettres ordinaires circulant dans l'intérieur de l'empire est réglé ainsi qu'il suit :

	affr.	n. affr.
Jusqu'à 10 gram. inclusivement...	0 20	0 30
Au dessus de 10 à 20 gr. inclusiv.	0 40	0 60
Au dessus de 20 à 100 gr. inclusiv.	0 60	1 80
Au dessus de 100 à 200 gr. inclusiv.	1 68	2 20
Au dessus de 200 à 300 gr. inclusiv.	2 40	3 60

Et ainsi de suite, en ajoutant par

chaque 100 gr. ou fraction de 100 gr. excédant, 80 cent en cas d'affranchissement et 1 fr. 20 cent. en cas de non affranchissement.

Les lettres chargées acquittent indépendamment de la taxe, selon leur poids et leur destination, un droit fixe de 20 centimes.

Valeurs cotées.

Les valeurs cotées sont des objets précieux de petite dimension. Elles paient 1 0/0, à dater du 1er janvier 1863. Indépendamment de ce droit de 1 0/0, les envoyeurs sont tenus d'acquitter un droit de timbre de 50 c. pour une reconnaissance qui leur est donnée de la valeur cotée.

L'estimation ne peut être inférieure à 30 fr. ni supérieure à 1,000 fr.

LETTRES CONTENANT DES VALEURS DÉCLARÉES.

L'expéditeur qui veut s'assurer, en cas de perte, sauf le cas de force majeure, le remboursement des valeurs payables au porteur, insérées dans une lettre, doit la faire charger, et, en outre, faire la déclaration du montant des valeurs que cette lettre contient.

La déclaration ne doit pas excéder 2,000 francs; elle est portée en toutes lettres à l'angle gauche supérieur de la suscription de l'enveloppe, par l'expéditeur lui-même, sans rature ni surcharge.

Nota. — L'expéditeur d'une lettre chargée contenant ou non des valeurs déclarées, ou celui d'un chargement de valeurs cotées, peut demander, au moment où il dépose l'un ou l'autre de ces objets, qu'il lui soit donné avis de sa remise au destinataire. A cet effet, il paye d'avance, pour l'affranchissement de l'avis, un droit de poste de 10 centimes.

Articles d'argent.

La poste se charge, moyennant un droit de 1 0/0, du transport des sommes d'argent déposées à découvert dans ses bureaux. En échange, il est remis aux déposants des mandats qui peuvent être payés aux ayants-droit dans tous les bureaux de l'empire et de l'Algérie. Les envois d'argent sont encore reçus pour les armées françaises en pays étranger, pour les militaires et les marins employés dans les colonies françaises ou sur les bâtiments de l'État, et pour les transportés à Cayenne. Il n'est pas reçu de dépôt d'argent au-dessous de 50 cent. Au dessus de 10 fr., les mandats supportent, en outre, un droit de timbre de 50 cent.

LIGNES TÉLÉGRAPHIQUES.

Bureau : place de la Salamandre.

Inspecteur : M. Pouget-Maisonneuve.
Directeur : M. Morris.
Les bureaux sont ouverts :
Du 1er octobre au 31 mars, de 8 h. du matin à 9 h. du soir.
Du 1er avril au 30 septembre, de 7 h. du matin à 9 h. du soir.
Les dépêches qui devraient être trans-mises passé 9 h. du soir, devront être déposées au bureau avant 8 heures et demie.

Dispositions générales.

» Les dépêches télégraphiques privées, de un à vingt mots, adresse et signature comprises, sont soumises aux taxes suivantes, perçues au départ, savoir :

» Les dépêches échangées entre deux bureaux d'un même département, à une taxe fixe de un franc.

» Les dépêches échangées entre deux bureaux quelconques du territoire de l'Empire, hors le cas précédent, à une taxe fixe de deux francs.

» Au-dessus de vingt mots, ces taxes sont augmentées de moitié pour chaque dizaine de mots ou fraction de dizaine excédante.

» L'indication de la date, de l'heure du dépôt et du lieu de départ est transmise d'office. Sauf ces indications, tous les mots inscrits par l'expéditeur sur la minute de sa dépêche sont comptés et taxés.

» Il ne sera admis de dépêches de nuit qu'entre les bureaux ouverts d'une manière permanente pendant la nuit.

» Ces dépêches ne sont soumises à aucune surtaxe.

» Le port des dépêches à domicile

ou au bureau de la poste dans le lieu d'arrivée est gratuit. »

Les bureaux possédant un service de nuit sont ceux de Bastia, Bordeaux, Calais, Chambéry, Dijon, Lille, Lyon, Marseille, Montpellier, Nancy, Narbonne, Nice, Paris, Strasbourg, Toulouse et Tours.

Toute dépêche doit être écrite en caractères romains, mais peut être rédigée en langue allemande, anglaise, italienne, espagnole, hollandaise, portugaise ou française.

Un tarif est déposé dans toutes les salles d'attente des bureaux télégraphiques; il est à la disposition du public.

NOTA. — Les bureaux des gares ne sont ouverts à la télégraphie privée que pour les voyageurs munis de leur billet de chemin de fer. — Les dépêches privées relatives aux accidents de voyage y sont reçues la nuit sans surtaxe, lorsqu'elles sont à destination de villes dont les bureaux possèdent un service de nuit.

BANQUE DE FRANCE.

Succursale à Nîmes, rue de l'Horloge, 8,

Directeur : M. Puget, hôtel de la Banque.

BANQUIERS.

Nous conseillons à MM. les étrangers de s'adresser à la banque de France pour avoir l'adresse d'un bon banquier,

THÉATRE.

Le Théâtre, à Nîmes, est situé en face de la Maison-Carrée. C'est une construction moderne, décorée d'un beau péristyle ionique. On y joue le grand opéra, l'opéra comique, la comédie, le drame et le vaudeville. Un spectacle régulier est établi le mardi, le jeudi et le dimanche.

PRIX DES PLACES.

Fauteuils de parquet, 4 fr. — Première galerie : hommes, 3 fr.; fem-

mes , 2 fr. — Deuxième galerie, 1 f. 75.
— Troisième galerie, 1 fr. — Quatrième galerie , 0 fr. 60 cent. — Parterre, 1 fr. 25 cent.

CAFÉ CHANTANT.

Il y a à Nîmes un très beau Café-Concert pour la saison d'été. Il est situé à peu de distance de la gare.

EXCURSIONS

Dans le Département.

Pont du Gard. — Ce monument est situé à peu de distance de Nîmes. On trouve partout dans la ville des voitures de remise, simples , élégantes et commodes pour y conduire. C'est une excursion indispensable à faire pour un étranger. Ce pont est une des construc-

tions les plus magnifiques que nous
aient léguées les Romains. Il fut cons-
truit par Agrippa et servit à amener,
dans Nîmes, les eaux pures des sources
d'Eure et d'Airan ; la ligne de cet
aqueduc avait 28 kilomètres de longueur.

Trois rangs d'arcades à plein cintre,
élevées les unes sur les autres, com-
posent cet édifice. Le fond de l'aqueduc est formé par un lit de béton, et le
pont est entièrement bâti en pierres
posées à sec, sans mortier ni ciment.

Beaucaire, situé à 22 kilomètres
de Nîmes, est célèbre par sa foire an-
nuelle. Son origine remonte à une haute
antiquité ; on croit qu'elle a été bâtie
sur les ruines de l'ancienne *Ugernum*.
Elle possède un vieux château, dans le
haut duquel est une petite chapelle
où Saint-Louis entendit la messe ayant
de partir en Terre-Sainte.

Sommières est une petite ville située à 22 kilom. de Nîmes ; elle possède
un pont romain jeté sur le Vidourle.
Elle a, en outre, un vieux château dont

les ruines offrent particulièrement aux regards une tour remarquablement imposante par la masse de sa construction. Cette tour, d'architecture romaine, ne date que du vııe ou du vıııe siècle; elle est très bien conservée, et est maintenant devenue propriété de la ville.

Le Château de Tornac et le **Château d'Aubais** offrent encore des ruines assez imposantes.

Le Château de Saint-Privas, situé dans le voisinage du Pont du Gard, mérite la visite des étrangers.

Uzès possède un antique château, auquel on a eu le bon esprit de conserver, en le réparant, le type moyen-âge qui le distingue. Ce vieux manoir avec ses hautes murailles et ses tours rondes, présente certaines ressemblances avec l'ancienne Bastille de Paris. On remarque encore à Uzès les églises de Saint-Étienne et de Théodorit.

Le Château de Montfrin, qui est une propriété privée, est un bel édifice

situé dans une magnifique position. On
y remarque une tour, construite au XIIe
siècle par les Templiers. C'est de ce
château, où il résida pendant douze
jours, que Louis XIII ordonna (le 19
septembre 1632) de faire démolir le
château de Beaucaire, les troupes qui
le commandaient, sous les ordres du
maréchal de Montmorency, s'étant
tournées du côté du duc d'Orléans,
frère du roi.

Villeneuve-lès-Avignon possède
un ancien couvent de Bénédictins, une
ancienne Chartreuse et le Tombeau
d'*Innocent* VI; ce monument a été réparé
et transporté dans la chapelle de l'Hôpital. C'est un des beaux types de la
sculpture architecturale au XIVe siècle.

Aigues-Mortes. Cette petite ville,
qui est située maintenant à 7 kilom. de
la mer, était autrefois un port. Ses
murailles et ses tours, construites par
Philippe-le-Hardi, sont très bien con-
servées.

Pont-Saint-Esprit est à 700 kilomètres de Paris et à quelques heures de Nîmes.

A droite du chemin de fer de Lyon à Avignon et Marseille, à la station de la **Croisière**, s'étend au milieu de la plaine une belle et large route bordée d'arbres et conduisant en 25 minutes au **Pont-Saint-Esprit.** — Cette petite ville est célèbre par son beau pont bâti sur le Rhône dans la période de 1265 à 1309 par les frères Pontifs, ui venaient de construire le pont 'Avignon sous la conduite du frère B enezet.

La longueur du Pont-Saint-Esprit est de 828 mètres, il compte 26 arches dont les plus larges ont environ 25 mètres, une partie est fondée sur roc et l'autre sur pilotis. Son exécution fut une œuvre immense pour l'époque à laquelle il remonte ; aussi les croyances populaires l'attribuaient-elles à la divinité, au Saint-Esprit caché sous la figure d'un ouvrier qui aurait présidé lui-même à ce gigantesque travail. Il vient de subir de grandes réparations, attendues, hélas! depuis bien des années.

Située sur la rive droite du Rhône, dans une position pittoresque, au pied d'une riante colline boisée et cultivée, Pont-Saint-Esprit est une ville d'environ 6,000 habitants se livrant à l'agriculture et à diverses industries, mais après le pont il n'y a guère à voir que la citadelle avec les restes de la jolie chapelle qu'elle renferme.

Il est malheureux de voir refuser à cette intéressante petite ville la garnison qui l'avait toujours soutenue.

Lamalou, Uriage, petits villages de peu d'importance, ont des télégraphes, et Pont-Saint-Esprit n'en a pas; que faut-il en penser?

En allant visiter cette ville, on descendra, pour être bien logé, où nous sommes descendu nous-mêmes, à l'**Hôtel de l'Europe et de la Poste**, lequel est tenu par un homme intelligent et aimable, M. *Auguste Béchard*. Cet hôtel, excellent et confortable, possède délicieuse cuisine, bonne cave et service attentif; aussi nous le recommandons spécialement aux étrangers, qui, nous en sommes certain, nous en sauront bon gré.

C'est là où se trouvent les omnibus pour le chemin de fer, ainsi que les autres diligences.

Nous ne quitterons pas Pont-Saint-Esprit sans parler de l'alcoolature d'arnica des **RR. PP. Trappistes du monastère de Notre-Dame-des-Neiges**, et qui, préparée sous la direction de **MM. Mure frères**, pharmaciens à **Pont-Saint-Esprit**, est devenue depuis quelques années d'un usage général et vraiment populaire.

Ch. P. Duplessis.

HOTEL
DU
CHEVAL-BLANC
A NIMES

Sur la place des Arènes, en face l'entrée de ce splendide Amphithéâtre, précieux souvenir de l'antiquité romaine, à proximité du chemin de fer et des autres monuments publics, est situé l'hôtel du Cheval-Blanc, tenu par M. Franc. — C'est dans cet hôtel que S. M. Louis de Bavière, père du roi régnant, est descendu avec une suite nombreuse, lors de la visite qu'il fit à la ville de Nîmes, dans les premiers jours de mai 1863, en revenant de Nice, où il avait passé la saison d'hiver. Depuis, d'autres grands personnages ont aussi honoré l'hôtel du Cheval-Blanc de leur présence.

Les familles trouveront chez M. Franc un bon confortable d'intérieur, une bonne table d'hôte le matin, et une autre à six heures du soir. Le service de l'hôtel, qui est rempli de complaisances, fait facilement oublier aux voyageurs, par les égards qu'on leur témoigne, les ennuis et les fatigues du voyage.

CAFÉS

Les cafés à Nimes sont loin de res-
sembler à ceux de Marseille et même
à ceux de Montpellier ; mais pendant
l'été, le café-concert offre une retraite
à l'abri de la poussière des boulevarts.

ÉCOLE SPÉCIALE

D'HORLOGERIE FRANÇAISE

Fondée à Nîmes, par E. Rélin

Nous sommes heureux de pouvoir, en passant, dire deux mots sur l'**École spéciale d'horlogerie française** fondée par **M. Rélin**, l'habile horloger, l'auteur de l'excellent ouvrage intitulé : *Essai sur l'art de réparer les montres et les pendules.* A notre avis, cette institution est appelée à rendre de sérieux et importants services à l'art et à la science. Voici donc, en quelques lignes, comment est organisée *l'École d'horlogerie de Nîmes.*

Les élèves admis dans l'école n'ont rien à faire pour l'établissement, *qui a ses ouvriers spéciaux.* Uniquement occupés de leur apprentissage, tout ce qu'ils font pendant la durée de leurs cours théoriques et pratiques, outils divers, montres ou pendules, leur appartiennent. Chaque élève a son établi séparé, et l'apprentissage est divisé en deux classes. — Dans la première les élèves font les petits outils nécessaires au travail des pièces neuves comme au rhabillage, puis des montres tirées de l'acier brut et du cuivre qu'ils finissent complétement jusqu'au repassage après dorure, puis ils terminent par une étude complète sur toutes les difficultés du rhabillage, et sur la construction des chronomètres, des montres marines, etc. La seconde classe, dans laquelle les élèves débutent, comprend la fabrication des outils indispensables et le rhabillage, si l'élève ne peut passer en première classe. Le cours théorique est le même pour les deux classes.

L'établissement prend des externes qui paient 25 fr. par mois, et des pensionnaires au prix de 75 fr., mais les élèves se fournissent les outils et diverses fournitures indispensables. — La pension, comme le prix de l'externat, se paie par trimestre et d'avance, et il n'est contracté aucun engagement : l'élève conserve la liberté de se retirer à l'expiration de son trimestre, comme l'établissement se réserve le droit de le renvoyer dans le cas de mauvaise conduite ou d'insubordination. C'est là, à notre avis, un bon mode d'apprentissage, qui devrait bien être employé dans tous les métiers.

M. Rélin, qui professe son état depuis quarante-cinq ans, connaît toutes les difficultés de l'art. Ayant appris sous la direction des maîtres les plus habiles de Paris, il est à même de former d'excellents élèves; comme aussi on peut lui confier les réparations les plus compliquées et les plus délicates qu'on puisse faire en horlogerie, avec certitude d'obtenir de son talent une satisfaction complète.

ALCOOLATURE
D'ARNICA

DES RR. PP. TRAPPISTES DE NOTRE-DAME-DES-NEIGES,

Préparée sous la direction de MM. MURE Frères, dépositaires généraux à Pont-St-Esprit (Gard).

NON TIMEDIT DOMUI SUÆ A FRIGORIBUS NIVIS.

SIGILLUM CONVENTUS BEMARIÆ AD NIVES DE TRAPPA ORD. CIST. (ARDÈCHE)

Déjà depuis près de trois siècles, ce précieux médicament figurait parmi les agents thérapeutiques les plus sérieux, et comme étant le plus capable de combattre avec succès les *affections* et les *désordres de l'estomac*; de prévenir les suites dangereuses des *contusions*, des *coupures*, des *brûlures*, etc., etc. — Aujourd'hui, les immenses résultats qui ont été obtenus par

son emploi, lui ont donné un reten-
tissement universel et **l'alcoolature
d'arnica** de la Trappe est désormais
considérée par la science et dans le
monde comme un médicament efficace
et certain.

Le flacon de la famille vau
lui seul toute une pharmacie. Bientôt,
nous pouvons l'assurer, toutes les
mères de famille le posséderont chez
elles, et il en sera de même dans les
colléges, les écoles, les ateliers et les
usines, où il a déjà rendu et rend chaque
jour d'immenses services.

Ce *flacon de la famille* se trouve dans
les meilleures pharmacies, ou on se le
fait expédier directement par MM. Mure;
mais nous recommandons de ne l'ache-
ter que portant sur son étiquette le
sceau du monastère de Notre-Dame-
des-Neiges et sur une bande les signa-
tures du R. P. Prieur et de MM. Mure
frères.

C'est également dans la pharmacie
de MM. Mure frères que se trouve la
**pâte pectorale et le sirop d'es-
cargots**, si renommés par leur efficacité dans les enrouements, les rhumes
opiniâtres, les catarrhes aigus, la co-

queluche et les fluxions de poitrine.

Le Sirop d'escargots est très-agréable au goût ; il remplace avantageusement les autres *sirops pectoraux*.
La **Pâte pectorale**, préparée d'après la formule de celle de Regnault, possède, en outre, les propriétés adoucissantes des escargots.

LA PARFUMERIE
SULFURÉE ET IODÉE

Fabriquée avec les Parfums les plus suaves, extraits des plantes et des fleurs alpines, est devenue la parfumerie du monde élégant. Outre la suavité de son parfum, elle contient les *mêmes principes que les eaux d'Uriage, d'Allevard ou d'Enghien.*
Dépôt général de fabrique : Maison Tholon-Avèque (aîné), rue Montorge, à Grenoble (Isère), et au

DÉPOT DE LA JOUVENCELLINE
Eau américaine du **D' JACKSON.**

Cette Eau, préférable aux teintures, rend aux cheveux gris ou blancs leur couleur primitive et fortifie le cuir chevelu.
Dépôt central, A PARIS, rue du Vieux-Colombier, 6.

VICHY

PROPRIÉTÉ DE L'ÉTAT.

Concession de juin 1853.

Compagnie fermière de l'Établissement thermal de Vichy.

Société anonyme par décret du 27 décembre 1862

ADMINISTRATION :
22, boulevart Montmartre, à Paris.

L'Établissement thermal est ouvert toute l'année.

Les eaux de Vichy s'expédient par caisses de 50 bouteilles ou 50 demi-bouteilles.

Sels pour Bains de Vichy
A DOMICILE.
Rouleaux de 500 grammes : 1 fr.

Pastilles digestives de Vichy
Boîtes de 500 grammes : 5 fr.

PRIX

DES CAISSES D'EAU DE VICHY

RENDUES A DOMICILE

Par les Succursales :

Paris { 22, boulev. Montmartre 187, rue Saint-Honoré. }	35	»
Marseille, 9, rue Paradis......	37	50
Hâvre, 17, Grand-Quai........	38	»
Strasbourg, 37, faub. de Saverne	38	»
Toulouse, 7, boulevard d'Arcole	40	»
Nice, HUART, maison Huart...	40	»
Lyon, 5, place des Célestins...	34	»
Londres, Magaret street (R. st)	50	»

SOURCES

de l'Établissement thermal de Vichy :

Grande-Grille, — Célestins,
Hauterive, — Mesdames, — Parc,
Hôpital.

---

*Tous les produits de l'Établissement
thermal de Vichy portent le*

CONTROLE
DE L'ÉTAT.

EAUX MINÉRALES

D'URIAGE

près GRENOBLE (Isère)

L'Établissement thermal d'URIAGE est situé à une heure de GRENOBLE, dans une des plus jolies vallées des Alpes Dauphinoises ; il jouit déjà d'une grande réputation qui s'accroît chaque jour et il offre aux baigneurs toutes les ressources désirables. — De grands et beaux hôtels, des logements particuliers pour familles, d'excellents restaurants, un cercle avec son magnifique salon de danse, des magasins de toute espèce, y rendent la vie facile et confortable.

Des promenades rapprochées et des excursions alpestres, l'air pur et vivifiant des montagnes viennent puissamment en aide à l'action des eaux.

L'expérience a démontré la grande efficacité de ces eaux à la fois salines et sulfureuses dans une foule de maladies, surtout dans celles qui font le désespoir de la médecine ordinaire ; ainsi, la plupart des maladies cutanées, celles qui intéressent le système lymphatique, les

formes si variées de la scrofule, les
affections nerveuses, les rhumatismes,
y guérissent presque infailliblement.
Les eaux d'Uriage sont à la fois dépu-
ratives et fortifiantes ; elles conviennent
admirablement aux enfants débiles et
aux jeunes filles.

La saison commence le 15 mai et finit
le 1er octobre.

On se rend directement de Paris à
Uriage en 14 heures par le chemin de
fer de Lyon , celui de Lyon à Grenoble
et celui de Grenoble à Montmélian. —
Prix, en première classe : 75 fr.

La gare d'Uriage s'appelle *Gières-
Uriage*, du nom d'un village situé à six
kilomètres de l'établissement.

Des omnibus attendent et amènent les
voyageurs à tous les trains.

Bureau de poste. Télégraphie privée.

Les **Dépôts** sont :

A *Paris*, à l'administration de la Compagnie fermière de **Vichy**, boulevart Montmartre, 22 ;

A toutes les succursales de **Vichy**.

Les prix sont les mêmes qu'à l'établissement.

Prix aux dépôts :
la bouteille.	0	f	60
la 1/2........	0		40
le 1/4.......	0		25

ÉTABLISSEMENT THERMAL

DE

LA SOURCE BOURGES

AU CENTRE DE LAMALOU

Près Béziers (Hérault).

EXPORTATION DES EAUX DES

Sources Bourges et Lavernière

Ces eaux, **ferrugineuses**, **acidules** et **gazeuses**, conviennent aux tempéraments faibles ; elles ne décomposent pas le vin.

Les **Pastilles ferrugineuses** sont préparées avec les sels naturels extraits des eaux.

Etablissement ouvert toute l'année.

Pour se rendre à l'Etablissement thermal, qui possède un délicieux et confortable hôtel, prendre le chemin de fer à la gare de Lyon pour Béziers ; de là on se rend à Bédarieux, situé à peu de distance ; et à cette gare on demande l'omnibus de la *Source Bourges*.

Dépôt : dans toutes les succursales de la COMPAGNIE VICHY.

LINIMENT BOYER-MICHEL

POUR LES CHEVAUX

remplaçant le feu, sans laisser de traces de son emploi,

CHEZ MICHEL, PHARMACIEN A AIX (PROVENCE).

Extrait du rapport fait à la Société des sciences industrielles de Paris (26 décembre 1862).

« M. Michel, collaborateur, puis successeur de M. Boyer, et seul propriétaire de cette précieuse formule, est parvenu, par des modifications successives, à donner à ce produit un degré de perfection tel, qu'à en juger, soit par les nombreuses demandes et les certificats d'éloges, soit et mieux encore par ses débouchés constants et de plus en plus rapides sur tous les points de la France et même sur quelques points de l'étranger, son efficacité peut être considérée comme à peu près infaillible.

. . . .

» Comme il nous est démontré, Messieurs, par un grand nombre de pièces authentiques, que l'action thérapeutique du **Liniment Boyer-Michel** constitue un médicament héroïque, nous regardons la vulgarisation de ce révulsif comme un service rendu à l'agriculture, à l'industrie, à l'art vétérinaire. Nous avons l'honneur de vous demander pour son savant auteur une récompense digne de son mérite. »

Récompensé : Médaille de bronze.

ÉLIXIR ANTI-RHUMATISMAL

DE FEU SARRASIN, PHARMACIEN,

Préparé par Michel, pharmacien à Aix (Provence).

Pendant de longues années, les affections rhumatismales n'ont trouvé dans la médecine ordinaire que peu ou point de soulagement, ou étaient livrées la plupart du temps à la spéculation des empiriques. La cause des non succès obtenus dans la guérison de ces maladies tenait aux remèdes qui ne combattaient uniquement que l'affection locale sans pouvoir en détruire le germe, et qui, en un mot, n'agissaient que sur l'effet sans atteindre la cause.

L'Élixir anti-rhumatismal, que nous

nous faisons un devoir de recommander ici, s'attaque toujours victorieusement aux vices du sang, seule source et seul principe des ophtalmies rhumatismales, des sciatiques, des névralgies faciales ou intestinales, des lombagos, etc., etc., enfin de ces tumeurs blanches, de ces douleurs vagues, errantes, se promenant, circulant sur les articulations.

Cet *Elixir*, que nous plaçons au rang des agents thérapeutiques les plus utiles et les plus certains, se donne à tous les âges et à tous les sexes sans aucun danger. — Un prospectus, joint au flacon qui ne coûte que 10 fr. *pour un traitement de 10 jours*, indique les règles à suivre pour en assurer les résultats.

Dépôts, à *Nîmes*.

EAUX MINÉRALES
DES
SOURCES BOURGES
ET LAVERNIÈRE

AU CENTRE DE **Lamalou**, PRÈS BÉZIERS
(HÉRAULT).

Établissement et bon hôtel ouvert toute l'année.

SIROP PARÉGORIQUE

EXTRAIT DU BULLETIN MÉDICO-PHARMA-CEUTIQUE (du 30 novembre, 1853), *sur les propriétés du Sirop pectoral parégorique de* **M. MOUSSERON,** *pharmacien à Dijon.*

Le sirop parégorique de M. Mousseron a pour but de calmer la *toux* qui dépend de la phlegmasie directe des organes. Ses vertus sont analogues à celles des baumes qui, avec les térébenthines, se partagent le privilége de modifier avec avantage les affections catarrhales et les phlegmasies chroniques de la muqueuse gastro-pulmonaire.

Dans notre numéro du 15 octobre 1853, nous avons cité les observations suivantes de guérisons obtenues par le sirop parégorique de M. Mousseron, savoir :

1° Bronchite des grosses bronches, chez un professeur, affection rebelle aux moyens ordinaires, guérie en quatre ou cinq jours ;

2° Rhume intense, chez deux de nos enfants, guéri en quarante-huit heures ;

3° Affection tuberculeuse, chez une personne de trente-six ans : calme parfait pendant l'usage du sirop parégorique.

Le Sirop parégorique de M. Mousseron constitue donc un auxiliaire puissant dans le traitement des bronchites et des autres affections pectorales, et nous n'accomplissons qu'un acte de justice en signalant ici ses précieuses propriétés.

Se trouve à Nimes chez les principaux pharmaciens.

ÉCLAIRAGE

Par la Carburine Lyonnaise

BREVET D'INVENTION S. G. D. G.

Ce nouveau liquide minéral se brûle dans les mêmes lampes que l'huile légère de schiste dont il a, à peu près, la même odeur.

SCHISTE

ET

PÉTROLE

AUX PRIX DE FABRIQUE,

BONNAY

Place des Terreaux, 3

LYON

VERMOUT

ET

EXTRAIT D'ABSINTHE

Maison Chavasse

A CETTE (Hérault).

Nous croyons être agréable et utile
aux consommateurs, en leur désignan
la maison qui, à notre avis, est arrivée
à faire le plus parfaitement le vermout
de Turin : c'est la maison Chavasse,
à Cette, qui est d'origine piémontaise.

Aujourd'hui, grâce aux procédés employés par M. Chavasse, le vermout de
Turin est transportable, et au delà des
mers, on peut désormais se faire expédier ce délicieux préservatif de la fièvre ;
il y arrive sans rien perdre de son arôme
et sans que sa limpidité soit troublée.
La maison de M. Chavasse est la plus
grande fabrique de vermout que nous
connaissons en France et à Turin ; de
plus, elle est connue dans le commerce
et dans le monde par plus de *quarante
années de succès et d'honorabilité. Son
installation première* dans les États
Sardes date de 1814.

Plus de teinture pour les cheveux !

LA JOUVENCELLINE

EAU AMÉRICAINE

Du Docteur JACKSON

Rend aux cheveux gris ou blancs leur couleur primitive.

Ce n'est pas une teinture que cette Eau précieuse, c'est simplement une préparation qui, fortifiant le cuir chevelu, fait couler dans le tube capillaire que l'on nomme cheveux, le liquide qui le colore en blond, en châtain, en rouge ou en noir, suivant sa nuance naturelle.

DÉPOT GÉNÉRAL DE FABRIQUE :

A Paris, rue du Vieux-Colombier, 6.

DÉPÔTS :
A PARIS, à l'Office hygiénique, 18, boulevart Montmartre.

Et dans toutes les villes de France et de l'étranger, chez les principaux Parfumeurs et Coiffeurs.

PRIX DU FLACON : 10 fr. en timbres-poste ou mandat *(affranchir).*

AVIS IMPORTANT.

LES

PETITS GUIDES

DE L'ÉTRANGER EN FRANCE

Quoique n'existant que depuis 1862,

ont cependant déjà obténu un immense succès ; et leur publicité, répandue sur tous les points du globe, est reconnue pour être une des plus honorables et des plus utiles au commerce et à l'industrie. Le *Guide de Paris* est tiré à 100,000 exemplaires (20,000 illustrés); *Lyon, Marseille, Bordeaux, Vichy,* à 30,000, et toutes les autres villes à un minimum de 20,000. Les Guides de Marseille et de Nice étant *Guides officiels des Messageries impériales* et contenant leur service maritime, sont distribués dans tous les pays où vont les navires de cette importante Compagnie.

SERVICE RÉGULIER

des Voitures publiques.

—

Aiguesmortes. — Hôtel des Trois-Maures, place des Arènes.
Départ tous les jours, 4 h. s.

Alais. — Place des Arènes.
Départ tous les jours, 10 h. s.

Arles. — Boulevart des Calquières.
Départ tous les jeudis, 2 h s.

Aubais. — Place des Arènes.
Départ les lundis, jeudis et samedis,
4 h. s.

Lasalle. — Boulevart Saint-Antoine.
Départ tous jours, 9 h. s.

Mende. — Boulevart des Calquières.
Départ tous les jours, 1 h. 1/2 s.

Montfrin. — Roul. des Calquières.
Départ tous les jours, 3 h. s.

Montfrin. — Place des Arènes.
Départ tous les jours, 4 h. s.

Sommières. — Place des Arènes.
Départs tous les jours, 7 h. m., 3 h. 1/2
et 4 h. s.

Sommières. — Chemin de Montpellier.

Départ tous les jours, 5 h. 1/2 s.

Saint-Gilles. — Chemin de Montpellier.

Départ tous les jours, 6 h. m.

Vauvert. — Place des Arènes.
Départ tous les jours, 4 h. s.

Vergèze. — Hôtel de l'Univers, place des Arènes.

Départ tous les lundis, jeudis et samedis.

Vigan. — Place des Arènes.
Trois voitures partent tous les jours, à 9 h. du s. ; deux, à 6 h. du m., et une à 10 h. du m.

VOITURES DE PLACE.

TARIF.

Voitures à 4 places, la course...	0	75
— — à domicile..	1	»
— — à l'heure...	2	»
— hors barrières —	2	50

N. B. Le prix des bagages doit faire l'objet de conditions particulières avant le départ.

CHEMIN DE FER DE NÎMES A CETTE.

Les omnibus du chemin de fer prennent et conduisent les voyageurs aux hôtels.

PRIX DES PLACES.			DE NÎMES A CETTE.	Omn. mat.	Omn. mat.	Omn. mat.	Omn. mat.	Expr. soir.	Omn. soir.
1res.	2es.	3es.							
1 80	1 35	1 »	Nîmes.........	2 11	5 09	8 45	11 24	2 28	4 45
2 90	2 20	1 65	Vergèze-l-Bains.	»	5 58	9 35	12 02	»	5 33
3 45	2 90	2 05	Lunel.........	2 54	6 24	10 »	12 25	3 05	6 »
5 45	4 10	3 05	Montpellier....	3 29	7 15	10 57	1 »	3 34	6 55
7 85	5 90	4 35	Frontignau	»	8 13	11 55	1 53	»	7 48
8 60	6 45	4 75	Cette.........	4 33	8 30	12 12	2 10	4 35	8 05

OBSERVATIONS. — Pour aller à Narbonne, Toulouse, Bordeaux, on prend les convois qui partent pour Cette, de même que pour Béziers, Bédarieux et les Eaux de la Source Bourges, au centre de Lamalou.

CHEMIN DE FER DE NIMES A MARSEILLE.

De Nîmes à Marseille

PRIX DES PLACES.			De Nîmes à Marseille	Omn. nuit	Omn. matin	Omn. matin	Omn. matin	Expr. matin	Omn. matin	Omn. soir	Direct soir
1res.	2es.	3es.									
3 15	» 35	1 70	Nîmes.....	2 44	6 »	»	8 43	12 20	1 29	6 05	11 06
4 70	3 35	2 45	Tarascon...	3 35	6 58	»	9 45	1 05	2 50	7 05	12 45
11 40	8 40	6 15	Arles	4 36	»	»	10 56	1 47	»	7 52	1 06
14 35	10 75	7 85	Rognac(Aix)	6 15	»	»	12 26	3 04	»	9 44	3 05
			Marseille...	7 03	»	»	1 08	3 40	»	10 40	3 57

De Nîmes à Bessèges

1res.	2es.	3es.	De Nîmes à Bessèges	Omn. matin	Omn. soir	Omn. soir
»	»	»	Nîmes............	6 10	2 40	6 25
5 60	4 20	3 10	Alais (Grand'Combe)...	7 48	4 18	8 03
7 85	5 90	4 30	Saint-Ambroix.......	8 33	5 03	8 48
9 20	6 90	5 05	Bessèges...........	9 »	5 30	9 15

CHEMIN DE FER DE MARSEILLE A LYON ET PARIS.

PRIX DES PLACES.			DE MARSEILLE A LYON et PARIS	Expr. soir.	Omn. soir.	Expr. soir.	Expr. matin	Omn. matin	Omn. soir.
1re.	2e.	3e.							
»	»	»	Marseille........	10 »	12 »	»	11 30	7 20	10 50
9 65	7 20	5 30	Arles...........	11 45	2 34	»	1 15	9 22	1 04
11 20	9 15	6 70	Tarascon(Nîmes)	12 13	3 04	»	1 38	9 54	1 31
13 55	10 15	7 45	Avignon........	12 47	3 52	»	2 07	10 42	2 12
27 55	20 65	15 15	Valence. *matin*.	3 33	8 20	»	4 53	3 20	5 40
32 60	24 45	17 95	S-Ramb.(Grenoble)	4 39	9 47	»	5 53	5 02	7 10
39 40	29 55	21 70	Lyon...........	6 15	11 30	7 45	7 25	7 55	9 10
47 45	35 60	26 15	Mâcon..........	8 33	1 54	8 57	9 37	10 31	1 30
61 45	46 10	33 85	Dijon..........	11 10	5 33	11 57	12 17	2 09	5 38
74 80	56 10	41 15	Tonnerre........	1 58	9 35	1 39	3 39	5 51	9 49
87 90	65 90	48 35	Montereau........	4 19	1 14	3 40	5 08	9 13	1 26
96 75	72 55	53 25	Paris...........	6 »	3 45	5 09	6 55	11 40	4 »
				soir.	soir.	soir.	matin	matin	soir.

L'Élixir végétal suisse et l'Eau d'Arquebusade suisse :

BERNER, 1, quai de Bondy, à Lyon.

La JOUVENCELLINE rend aux cheveux gris ou blancs leur couleur primitive.

JANV. 1865.			FÉVRIER.			MARS.		
		ss.			ss.			ss.
D	1	CIRCONC.	m	1	Ignace.	m	1	CENDRES.
l	2	Basile.	j	2	PURIFICA.	j	2	Simplice.
m	3	s¹ Genev.	v	3	Blaise.	v	3	Les 5 pl.
m	4	Rigobert	s	4	Philéas.	s	4	Casimir.
j	5	Siméon.	D	5	s⁰ Agathe	D	5	Quadrsg.
v	6	ÉPIPHAN.	l	6	Vaast.	l	6	s⁰ Colette
s	7	Noces.	m	7	Romuald	m	7	Thomas.
D	8	Lucien.	m	8	Ponce. .	m	8	Q.-T.
l	9	Pierre.	j	9	s⁰Apollin	j	9	Lubin.
m	10	Paul.	v	10	s⁰ Schol	v	10	Dcctrové
m	11	Théodore	s	11	Severin.	s	11	Zacharie
j	12	Arcade.	D	12	Septuag.	D	12	Reminisc
v	13	Bap. J.-C	l	13	Dransin.	l	13	Euphrasi
s	14	Hilaire.	m	14	Valentin.	m	14	Malthilde
D	15	Maur.	m	15	Faustin.	m	15	Joachim
l	16	Guillaum	j	16	Julien.	j	16	Benoit.
m	17	Antoine.	v	17	s⁰ Marian	v	17	Fructueu
m	18	Cha. s. P.	s	18	Siméon.	s	18	Frisque.
j	19	Sulpice.	D	19	Seragés.	D	19	Oculi.
v	20	Sébastien	l	20	Eucher.	l	20	Joachim.
s	21	s⁰ Agnès.	m	21	Lézin.	m	21	Ludger.
D	22	Vincent.	m	22	s⁰Isabell.	m	22	Léa.
l	23	Ildefonse	j	23	Mérault.	j	23	Victor.
m	24	Babylas.	v	24	Mathias.	v	24	Marie.
m	25	co.s.Paul	s	25	Aubin.	s	25	ANNONCI
j	26	s⁰ Paule.	D	26	Quinqua.	D	26	Lætare.
v	27	Julien.	l	27	Honorine	l	27	Rupert.
s	28	Charlem.	m	28	Mardi-G.	m	28	s⁰Doroth.
D	29	Franç. S.				m	29	Gontram
l	30	s⁰ Basth.				j	30	Rieul.
m	31	s⁰ Marcel				v	31	Georges.

N. d'Or.4. E.3.C.
S.26.I.R.8.L.A.

JANVIER : Premier Quartier le 4, Pleine Lune le 11, Dernier Quartier le 20, Nouvelle Lune, le 27. — FÉVRIER : P. Q. le 3, P. L. le 10, D. Q. le 18, N. L. le 25. — MARS : P. Q. le 4, P. L. le 12, D. Q. le 20, N. L. le 27.

AVRIL.		MAI.		JUIN.	
	ss.		ss.		ss.
s	1 Hugue	l	1 Philippe.	j	1 Pamphile
D	2 La Passio	m	2 Athanas.	v	2 Pothin.
l	3 Richard.	m	3 Inv. S.-C	s	3 Didier.
m	4 Ambroi·e	j	4 Monique.	D	4 PENTEC
m	5 Vinceut.	v	5 Désiré.	l	5 Boniface.
j	6 Prudent.	s	6 Jean P. L	m	6 Augustin
v	7 Compass	D	7 Gordien.	m	7 Q.-T.
s	8 Eutrope.	l	8 Désiré.	j	8 Médard.
D	9 RAMEAUX	m	9 Grégoire	v	9 Claude.
l	10 Godebert	m	10 Mamert.	s	10 Landri.
M	11 Lidvine.	j	11 Pancrace	D	11 TRINITÉ.
m	12 Jules.	v	12 Servais.	l	12 Félix.
v	13 Isidore.	s	13 Isidore.	m	13 Ant. de P
j	14 Vend.'Sai	D	14 Venance.	m	14 Olympe.
s	15 Tiburce.	l	15 Isidore.	j	15 FÊTE DIEU
D	16 PAQUES	m	16 Honoré.	v	16 Adol. he.
l	17 Parfait.	m	17 Yves.	s	17 Avit.
m	18 Ther·im	j	18 Félix.	D	18 Fargeau.
m	19 Anselme	v	19 Célestin.	l	19 Gerv. S P
j	20 Opportu.	s	20 Bernard.	m	20 Silvère.
v	21 Léon.	D	21 Hospice.	m	21 Leufroy.
s	22 Léger.	l	22 ROGATION	j	22 Oct. F. D.
D	23 QUASIMOD	m	23 Victorin.	v	23 Prosper.
l	24 Polycarp	m	24 Donatien	s	24 N. de S. J
m	25 Marc.	j	25 ASCENS.	D	25 Babolein
m	26 Vital.	v	26 Phil.deN.	l	26 Crescent
J	27 Robert.	s	27 Modeste.	m	27 Irénée.
v	28 Gontrate.	D	28 Germain.	m	28 Pierre.
s	29 Vital.	l	29 Maximin.	j	29 C. de S. P
D	30 Robert.	m	30 Marine.	v	30 Lucide.
		m	31 Pétronil.		

AVRIL : Premier Quartier le 3, Pleine Lune le 11, Dernier Quartier le 18, Nouvelle Lune le 25. — MAI : P. Q. le 2, P. L. le 10, D. Q. le 18, N. L. le 24. — JUIN : P. Q. le 1, P. L. le 9, D. Q. le 16, N. L. le 28.

La JOUVENCELLINE rend aux cheveux gris ou blancs leur couleur primitive.

La JOUVENCELLINE rend aux cheveux gris ou blancs leur couleur primitive.

JUILLET.			AOUT.			SEPTEMBRE		
		ss.			ss.			ss.
s	1	Éléonore	m	1	Sophie.	v	1	Leu.
D	2	V. de N-D	m	2	Etienne.	s	2	Lazare.
l	3	Thierry.	j	3	Inv. s. E.	D	3	Grégoire
m	4	Martin.	v	4	Dominiq	l	4	Rosalie.
m	5	Zoé.	s	5	Yon.	m	5	Bertin.
j	6	Tranquill	D	6	Tr. J -C.	m	6	Onésipho
v	7	Aubierge	l	7	Gaëtan.	j	7	Cloud.
s	8	Procope.	m	8	Justin.	v	8	N de N. D
D	9	Cyrille.	m	9	Amour.	s	9	Omer.
l	10	Félicité.	j	10	Laurent.	D	10	Pulchéri.
m	11	Benoît.	v	11	Suzanne.	l	11	Hyacinth
m	12	Gualbert	s	12	Claire.	m	12	Raphaël.
j	13	Eugène.	D	13	Hippolyt	m	13	Maurille.
v	14	Bonaven⁰	l	14	Guerf.	j	14	Ex. s⁰ C.
s	15	Henri.	m	15	ASSOMP	v	15	Nicoméd
D	16	Eustate.	m	16	Roch.	s	16	s⁰Colom.
l	17	Alexis.	j	17	Mammès	D	17	Lambert
m	18	Thomas.	v	18	Hélène.	l	18	Jean.
m	19	V⁰. de P.	s	19	Louis.	m	19	Janvier.
j	20	Marguer⁰	D	20	Bernard.	m	20	Eustache
v	21	Victor.	l	21	Privat.	j	21	Q-T Mat.
s	22	Magdel⁰	m	22	Symphor	v	22	Maurice,
D	23	Apolin⁰⁰.	m	23	Sidoine.	s	23	Thècl⁰.
l	24	Jours C.	j	24	Barthéle.	D	24	Andoche
m	25	Jacq le M	v	25	Louis.	l	25	Firmin.
m	26	Anne.	s	26	F de J. C	m	26	Justine,
j	27	Marcel.	D	27	Césaire.	m	27	Côme.
v	28	Pantalé.	l	28	Augustin	j	28	Céran.
s	29	Marthe.	m	29	Méderic.	v	29	Michel.
D	30	Abdon.	m	30	Fiacre.	s	30	Jérôme.
l	31	Germain.	j	31	Ovide.			

JUILLET: Premier Quartier le 1ᵉʳ. Pleine Lune le 8,
D. Q. le 15, Nouvelle Lune. le 22, P. Q. le 30. — AOUT:
P. L. le 7, D. Q. le 13, N. L. le 21, P. Q. le 29. —
SEPTEMBRE: P.L. le 5, D.Q. le 12, N.L. le 19, P.Q. le 28.

OCTOBRE		NOVEMBRE		DÉCEMBRE	
	ss.		ss.		ss.
D	1 Rémy.	m	1 TOUSSA	v	1 Saturnin.
l	2 ss. Anges	j	2 Trépassé	s	2 Eloque.
m	3 Cydrien.	v	3 Marcel.	D	3 Armand.
m	4 Fr. d'Ass	s	4 Charles.	l	4 Barbe.
j	5 Aure.	D	5 Zacharie	m	5 Sabas.
v	6 Bruno.	l	6 Léonard	m	6 Nicolas.
s	7 Serge.	m	7 Florent.	j	7 Fare.
D	8 Brigitte.	m	8 Reliques	v	8 CONCEPT.
l	9 Denis.	j	9 Mathurin	s	9 Gorgonie
m	10 Géréon.	v	10 Juste.	D	10 Valère.
m	11 Gomer.	s	11 Martin.	l	11 Daniel.
j	12 Vilfrid.	D	12 Réné.	m	12 Valeri.
v	13 Gérand.	l	13 Brice.	m	13 Nicaise.
s	14 Caliste.	m	14 Bertrand	j	14 Q.-T.
D	15 Thérèse.	m	15 EUGÉNIE.	v	15 Mesmin.
l	16 Gale.	j	16 Adme.	s	16 Cyprien.
m	17 Cerbonet	v	17 Agnan.	D	17 Adélaïde
m	18 Luc.	s	18 Aude.	l	18 Gatien.
j	19 Savinien	D	19 Elisabeth	m	19 Timothé
v	20 Caprais.	l	20 Edmond.	m	20 Philohon
s	21 Ursule.	m	21 Pré. N.D	j	21 Thomas.
D	22 Mellon.	m	22 Cécile.	v	22 Honorat.
l	23 Hilarion.	j	23 Clément.	s	23 Victoire.
m	24 Magloire	v	24 Severin.	D	24 Delph.
m	25 Crépin.	s	25 Catherin	l	25 NOEL.
j	26 Rustique	D	26 Geneviè	m	26 Etienne.
v	27 Frumenc	l	27 AVENT.	m	27 Jean.
s	28 Simon.	m	28 Sosthène	j	28 Innocens
D	29 Faron.	m	29 Saturnin.	v	29 Trophim
l	30 Lucain.	j	30 André.	s	30 Sabin.
m	31 Quent.			j	31 Sylvestre

OCTOBRE : Pleine Lune le 4, Dernier Quartier le 11, Nouvelle Lune, le 19, Premier Quartier le 27. — NOVEMBRE : P. L. le 3, D. Q. le 10, N. L. le 18, P. Q. le 26. — DÉCEMBRE : P. L. le 2, D. Q. le 10, N. L. le 18, P. Q. le 25.

La JOUVENCELLINE rend aux cheveux gris ou blancs leur couleur primitive.

TABLE DES MATIÈRES.

CHOCOLAT MENIER.

AVIS IMPORTANT. — Pour ne pas être trompé par les ressemblances dans la forme des tablettes, la couleur des enveloppes, la disposition des étiquettes et cette presque similitude de noms que les contrefacteurs ont inventés pour glisser leurs produits comme du **Chocolat-Menier**, il faut exiger les marques de fabrique et le vrai nom sur l'envers de chaque division de la tablette, et la signature **Menier** sur le cachet qui ferme l'enveloppe.

Les contrefaçons s'exercent surtout sur la qualité fine (*papier jaune*), au prix marqué de 1 fr. 80 c., parce que c'est celle que le public a adoptée tout particulièrement; elle répond à tous ses désirs, tant à cause de son bas prix que par sa qualité supérieure.

www.ingramcontent.com/pod-product-compliance
Lightning Source LLC
LaVergne TN
LVHW020420090426
835513LV00036BA/877